Zwischen Gott
und
den Menschen

Rudolf Kainz

Zwischen Gott und den Menschen

Jesus, der Brückenbauer

BV

1. Auflage 2020

Lektorat: Wolfgang Schuster
Layout und Satz: Bischoff Verlag, Neu-Isenburg
Umschlagbild: © brunogm – stock.adobe.com
Bilder im Innenteil: stock.adobe.com – © phoenixclaudia (S. 7),
© lugmayer (S. 16), © Gorilla (S. 22), © sikaraha (S. 32),
© Tamas Gabor (S. 70)
Gesamtherstellung: Friedrich Pustet, Regensburg

Best-Nr. 231 022
ISBN: 978-3-943980-81-3

www.bischoff-verlag.de

Inhalt

Ich bin der Weg und die Wahrheit und das Leben; niemand kommt zum Vater denn durch mich.

Johannes 14,6

Einleitung

Zu keiner Zeit ist die Frage Jesu, die er im Lukasevangelium (Lukas 18,8) stellt, so zeitgemäß gewesen wie gerade in unserer Zeit: „Doch wenn der Menschensohn kommen wird, wird er dann Glauben finden auf Erden?“

In Europa wird in den kommenden Jahren ein drastischer Rückgang der Christen in den verschiedenen christlichen Glaubensgemeinschaften festzustellen sein. Ein paar Ursachen mögen hier genannt werden, die bewusstmachen sollen, welche großen Aufgaben den Christen in Zukunft bevorstehen.

Die Ablehnung des Glaubens an Jesus als den Sohn Gottes, seiner Wunder, seines Todes, seiner Auferstehung und seiner Himmelfahrt geschieht nicht nur, weil man in einer „aufgeklärten“ Zeit lebt, in der solche, sich der menschlichen Logik entziehenden Dinge, kaum noch Platz haben. Die Ursache liegt tiefer. Jesus beschreibt die Ursache für die Ablehnung durch das Volk ihm gegenüber in dem Gleichnis von den anvertrauten Pfunden. Der Ruf der Bürger, und damit des Volkes, ist nämlich: „Wir wollen nicht, dass dieser über uns herrsche“ (Lukas 19,14). Eben dieses „Wir wollen nicht“ ist gleichsam zur herrschenden Gesinnung geworden.

Eine weitere Ursache für den mangelnden Glauben der Christen ist ihre Angst davor, ihr Verhalten ändern zu müssen. Diese ist nicht in erster Linie in dem Wissen zu suchen, dass das Leben endlich ist. Es handelt sich vielmehr um die Tatsache, dass man sich nicht ändern will, weil es bequemer ist, zu bleiben, wie man ist. Denn die Beschäftigung mit Gedanken an ein ewiges Leben „stört“ nur den gewohnten Tagesablauf. Selbst wenn man erkennt, dass man nicht „ewig“ so weitermachen kann, hat man immer noch den vermeintlichen Trost, zuletzt alles besser machen zu können. Nur wer weiß, wann dieses „Zuletzt“ ist?

Wenn man mit Lehrerinnen und Lehrern spricht, hört man Klagen über das Verhalten der Kinder. Als Hauptursache wird die Tatsache genannt, dass die Erziehungsaufgabe, die die Eltern gewöhnlich zu erfüllen haben, immer mehr der Schule überlassen wird. Gerade im religiösen Bereich gibt es immer weniger Eltern, die für ihre Kinder ein Vorbild im Glauben sind. Die Kirche und die kirchlichen

Institutionen können kaum in Ordnung bringen, was im Elternhaus versäumt wurde. Wenn aber die wichtigsten „Grundbegriffe des Glaubens“ nicht beigebracht werden und die Begeisterung für Jesus nie entfacht wurde, wird es mitunter schwer möglich sein, für Jesus zu „brennen“. Sicher kann der Mensch ohne Jesus leben, und zwar scheinbar auch sehr gut. Was aber geschieht, wenn der Mensch in eine Situation gerät, in der er nicht aus noch ein weiß? An wen soll er sich wenden, wenn er den einzigen Helfer nicht kennt? Abgesehen davon ist Jesus nicht der „Notnagel“, sondern das Lebenselement par excellence.

Eine weitere Ursache könnte sein, dass der widergöttliche Geist, – Satan genannt –, alles, was mit Jesus zusammenhängt, beseitigen möchte. Das Wort des Apostels Paulus muss ernst genommen werden: „Lasst euch von niemandem verführen, in keinerlei Weise; denn zuvor muss der Abfall kommen und der Mensch des Frevels offenbart werden, der Sohn des Verderbens“ (2. Thessalonicher 2,3).

Gerade in seinen Endzeitreden (z. B. Matthäus 24) warnt Jesus immer wieder vor den falschen Propheten und vor den „falschen

Christussen", die vorgeben, Heil zu bringen, aber in Wirklichkeit ein Schaden für den Menschen sind. Ein Nachfolger Jesu ist aber einer, der ausschließlich hinter Jesus hergeht und ihm nacheifert und damit immer im Aufbruch und in Bewegung bleibt, getrieben von der Sehnsucht nach dem Reich Gottes.

Eine Geschichte aus Südamerika

Zwei Brüder waren verfeindet. Sie hatten keine Gemeinschaft und gingen sich aus dem Weg. Am liebsten wollten sie sich nie mehr sehen. Einer der Brüder hätte zwar gerne die Situation geändert, scheiterte aber an dem sturen Kopf des anderen. Die Häuser der beiden Brüder lagen nicht weit auseinander. Zwischen diesen floss ein kleiner Fluss, über den es aber keine Brücke gab.

Eines Tages bekam der eine Bruder Besuch. Ein Zimmermann war auf der Walz und bot seine Dienste an. Der Bruder war froh, hatte er doch viel Holz, das verwertet werden sollte. Er bat den Zimmermann, während seiner Abwesenheit – er hatte eine längere Reise geplant – aus dem Holz eine lange und hohe Mauer zu errichten. Er wollte seinem Bruder nie mehr in die Augen schauen müssen.
Nach einigen Wochen kam der Bruder zurück.

Was stellte er fest? Anstelle der Mauer fand er eine Brücke. Über diese lief ihm sein Bruder freudestrahlend und ganz beglückt entgegen. Er umarmte ihn und dankte ihm für seine grandiose Idee, eine Brücke zu bauen. Zuerst wehrte sich der Auftraggeber und wollte den Brückenbauer zur Rede stellen. Als er aber die Freude des Bruders und dessen Familie sah, wurde er selbst davon angesteckt und lobte am Ende die Arbeit des Zimmermanns. Schließlich bat er diesen zu bleiben, da er für ihn genug Arbeit habe. Jener lehnte dankend mit dem Hinweis ab, dass er weiterziehen müssen. Es gäbe auf der weiten Welt so viele Mauern. Er sei dazu berufen, Brücken zu bauen.

„Es sind noch viele andere Dinge, die Jesus getan hat. Wenn aber eins nach dem andern aufgeschrieben werden sollte, so würde, meine ich, die Welt die Bücher nicht fassen, die zu schreiben wären“ (Johannes 21,25).

Wer in der Bibel liest oder Gottesdienste besucht, wird Jesus, dem Brückenbauer, begegnen. Reicht das nicht? Wenn es schon Johannes nicht möglich war, alle Taten Jesu zu beschreiben, wie soll es einem Buch wie diesem gelingen, den Brückenbauer Jesus umfassend zu würdigen?

Dieses Buch kann nur auf ein paar einzelne Steine eines unvergleichlichen Mosaiks aufmerksam machen. Dem Leser werden auch einige Impulse gegeben. Das bekannte Lied „Ich bete an die Macht der Liebe“ soll nicht nur gesungen werden; die darin enthaltenen Worte „In Wort und Werk, in allem Wesen sei Jesus und sonst nichts zu lesen“ mögen vielmehr zu einer Lebensaufgabe werden. Diese zu erfüllen, scheint gerade heute fast unmöglich zu sein. Immer mehr stellt man fest, dass eher die folgenden Worte Jesu Erfüllung finden: „Und weil die Missachtung des Gesetzes überhandnehmen wird, wird die Liebe in vielen erkalten“ (Matthäus 24,12).

In Matthäus 22,37–40 erklärt Jesus, was er unter dem „Gesetz“ versteht: „‚Du sollst den Herrn, deinen Gott, lieben von ganzem Herzen, von ganzer Seele und von ganzem Gemüt.‘ Dies ist das höchste und erste Gebot. Das andere aber ist dem gleich: ‚Du sollst deinen Nächsten lieben wie dich selbst‘. In diesen beiden Geboten hängt das ganze Gesetz und die Propheten.“

2. Timotheus 3,1–5 zeigt auf, welche Folgen die Missachtung des Gesetzes hat. Es klingt wie

eine Prophetie für „die letzten Tage der Menschheit“, wenn Paulus schreibt: „Das sollst du aber wissen, dass in den letzten Tagen schlimme Zeiten kommen werden. Denn die Menschen werden viel von sich halten, geldgierig sein, prahlerisch, hochmütig, Lästerer, den Eltern ungehorsam, undankbar, gottlos, lieblos, unversöhnlich, schändlich, haltlos, zuchtlos, dem Guten feind, Verräter, unbedacht, aufgeblasen. Sie lieben die Ausschweifungen mehr als Gott; sie haben den Schein der Frömmigkeit, aber deren Kraft verleugnen sie; solche Menschen meide!“

Die Begriffe beschreiben Verhaltensweisen, die der Dichter Georg Zinser in folgende Worte kleidete (Neuapostolisches Gesangbuch von 2004; 342,2): „Wer nur von Zank zerrissen, erfüllt von Hass und Neid, will nichts von Liebe wissen und nichts von Ewigkeit …“ Drei Beispiele von heute zeigen die Aktualität der genannten Aussagen.

Krieg ist weltweit die zentrale Fluchtursache. In fast jedem siebten Land der Erde herrscht Krieg oder ein bewaffneter Konflikt. Rund 80 Millionen Menschen sind hiervon betroffen und suchen Schutz.[1]

---

[1] www.spiegel.de, 18.06.2020, „Politik“, Angaben des UNO-Flüchtlingshilfswerks UNHCR

700 Millionen Menschen auf der Erde leiden unter extremer Armut. In Deutschland liegt die Lebenserwartung dreißig Jahre höher als in manchen afrikanischen Staaten, die unter Hunger leiden.

200 Millionen Christen werden verfolgt. In vielen Gegenden wird auf lange Sicht hin versucht, die Christen an den Rand der Gesellschaft zu drücken, indem sie vom gesellschaftlichen Leben, von Arbeitsmöglichkeiten und sogar vom Zugang zu Krankenhäusern ausgeschlossen werden. Sie werden als zweitklassige Menschen behandelt.

Das ist nur „die Spitze des Eisbergs". Vor allem berührt es, wenn man hört, liest oder erlebt, was Kinder in den verschiedenen Ländern an Bösem erleben müssen.

Scheint es angesichts dieser Tatsachen nicht aussichtslos zu sein, noch Hoffnung auf eine Besserung der Zustände zu haben?

Jesus, der Brückenbauer

Die Brücke

Welche Funktion hat eine Brücke? Folgende Definition ist wohl allgemein gültig: Eine Brücke ist „ein Bauwerk zur Führung von Verkehrswegen oder Leitungsrohren über Hindernisse (Straßen, Eisenbahnen, Flüsse)“.[2]

In der Beziehung Gottes zu den Menschen existiert seit dem Sündenfall ein Bruch. Viele Hindernisse haben sich zwischen Gott und den Menschen aufgetürmt. Der Mensch ist dadurch immer mehr in die Gottferne gerückt. Gott liebt aber die Menschen, möchte alles Ungute überbrücken, sie zu sich ziehen, ihnen nahe sein und sie erretten. Jesus hat es in Johannes 3,16.17 wie folgt beschrieben: „Denn also hat Gott die Welt geliebt, dass er seinen eingeborenen Sohn gab, auf dass alle, die an ihn glauben, nicht verloren werden, sondern das ewige Leben haben. Denn Gott hat seinen Sohn nicht in die Welt gesandt, dass er die Welt richte, sondern dass die Welt durch ihn gerettet werde.“

---

[2] DTV-Lexikon, München 1997, nach Unterlagen des Verlages F.A. Brockhaus, Mannheim, Band 3, Stichwort „Brücke“

Zwei weitere Aussagen beschreiben Jesus als Brückenbauer zwischen Gott und den Menschen: „Alles, was mir der Vater gibt, das kommt zu mir; und wer zu mir kommt, den werde ich nicht hinausstoßen“ (Johannes 6,37).

Und: „Ich bin der Weg und die Wahrheit und das Leben; niemand kommt zum Vater denn durch mich“ (Johannes 14,6).

Jesus wurde zu einem Brückenbauer zwischen Gott und den Menschen. Sein Leben, sein Tod, seine Auferstehung und Himmelfahrt, die Sakramente, die er gestiftet hat, sind ein Beweis dafür. Er ist durch sein Leben und Sterben zu einem Vorbild geworden, das zeigt, wie Brücken von Mensch zu Mensch gebaut werden können, wenn die Menschen ein Leben führen, das sich an Jesus orientiert.

Jesus selbst war es, der einst allen ein „Kommt her zu mir …“ zugerufen hat verbunden mit der liebevollen Einladung, von ihm zu lernen und sanftmütig und demütig zu werden (vgl. Matthäus 11,28 ff.). Immer wieder, auch in unseren Tagen, sucht er die Nähe zu den Menschen und bemüht sich, Beziehungen zu ihnen herzustellen und damit eine Brücke zu bauen, sodass seine Botschaft die Herzen erreicht, erfasst und verwandelt. Wer diese Einladung annimmt, wird die Erfüllung der Verheißung erleben: „… so werdet ihr Ruhe finden für eure Seelen“ (Matthäus 11,29).

Wie hat Jesus Brücken gebaut?

Worte vermögen nicht auszudrücken, welche Bedeutung das Kreuz für das Leben, Sterben und das ewige Leben des Menschen hat. Es ist die Brücke, über die zu lesen ist: „Er ist der Anfang, der Erstgeborene von den Toten, auf dass er in allem der Erste sei. Denn es hat Gott gefallen, alle Fülle in ihm wohnen zu lassen und durch ihn alles zu versöhnen zu ihm hin, es sei auf Erden oder im Himmel, indem er Frieden machte durch sein Blut am Kreuz“ (Kolosser 1,18–20, vgl. auch 2. Korinther 5,18 ff.).

Jesus hat durch sein Opfer für alle Menschen eine Brücke zum Herzen Gottes gebaut. Diejenigen, die dieses Opfer annehmen und wirken lassen – das heißt seinen Leib essen und sein Blut trinken – ahnen die Liebe Jesu. Sie verspüren das Verlangen und werden getrieben, etwas von dessen Wesen an andere

Menschen weiterzugeben, indem sie selbst zu Brückenbauern werden.

Die Lehre Jesu anzunehmen, zu verinnerlichen, sich von ihr prägen zu lassen, ist der Auftrag des Christen. Wozu? Um wie Jesus zu werden, zu leben, zu handeln – er ist nicht nur wahrer Gott, sondern auch wahrer Mensch – so zu werden, wie sich Gott den Menschen vorgestellt hat, nämlich „ein Bild, das uns gleich sei“ (1. Mose 1,26).

Man kann hin und wieder feststellen, dass Kinder dem Vater oder der Mutter im Aussehen und Verhalten so ähnlich sind, dass man geneigt ist zu sagen „Typisch der Vater“ oder „Typisch die Mutter“.

Auch von einem Christen, der sein Leben an Jesus orientiert, sollte man sagen können „Typisch Jesus.“

Aber was ist „Typisch Jesus“?

Jesus gibt in der Bergpredigt seinen Jüngern zwei Aufträge, die einfach klingen, aber in ihrer Umsetzung Glauben, Liebe und Hingabe zu Jesus bedürfen. Ihre Erfüllung und Verwirklichung ist die Voraussetzung dafür, dass der Mensch heute, wie Jesus einst, ein Brückenbauer wird.

„Salz der Erde“
und
„Licht der Welt“

Zuspruch und Verheißung

Dort, wo Menschen Jesus begegneten, sein Wort hörten und annahmen, waren sie wie verwandelt. Ihr Leben danach war mit ihrem Leben vorher nicht mehr zu vergleichen. Denn Jesus ist das Salz der Erde und das Licht der Welt.

Jesus ist „lebensnotwendig“, ist er doch „der Weg und die Wahrheit und das Leben“ (Johannes 14,6). Alle, die an ihn glauben, werden nicht verlorengehen, sondern haben das ewige Leben. Jesus hält Gemeinschaft mit den Sündern, um sie „gesund zu machen“. „Die Gesunden bedürfen des Arztes nicht, sondern die Kranken. Ich bin nicht gekommen, Gerechte zu rufen, sondern Sünder zur Buße“ (Lukas 5,31.32).

Es ist erstaunlich, dass Jesus den Menschen seiner Umgebung sagt, sie seien das Salz der Erde und das Licht der Welt. Er sagt es ihnen, obwohl es „nur“ Menschen sind, von denen er weiß, dass sie Fehler, Schwächen, Unvollkommenheiten und auch Sorgen haben.

Bei dieser Aussage handelt es sich aber nicht um eine bloße Feststellung, sondern um einen Zuspruch und eine Verheißung, die Jesus seinen Jüngern gibt, also all denen, die ihm nachfolgen. Diese Fähigkeit haben sie nicht selbst erworben, sondern durch sein Wort empfangen, sagte doch Jesus selbst einmal: „Die Worte, die ich zu euch geredet habe, die sind Geist und sind Leben“ (Johannes 6,63). Es sind Worte, die alle Zeiten überdauern, denn: „Himmel und Erde werden vergehen; aber meine Worte werden nicht vergehen“ (Matthäus 24,35).

Salz und Licht – diese göttlichen Gnadengaben haben besondere Wirkungen:

- Sie verändern die, die mit ihnen in Berührung kommen.
- Die Veränderung führt zum Guten, nie zum Schlechten. Das Ergebnis ist: „Immer mehr Jesus – immer weniger ich.“
- Die Veränderung geschieht auf lange Sicht, sie ist tiefgreifend. Sie ist kein Augenblicksmoment.

Salz der Erde

„Wenn nun das Salz nicht mehr salzt, womit soll man salzen? Es ist zu nichts mehr nütze, als dass man es wegschüttet und lässt es von den Leuten zertreten“ (Matthäus 5,13).

Salz ist das einzige Gewürz weltweit, das lebensnotwendig ist – der menschliche Organismus ist darauf angewiesen. Sache der Christen war und ist es, auf diese Welt einzuwirken und ihr eine neue Würze zu geben. Die Antike war eine Welt, in der es keine Reinheit und keine Keuschheit gab (vgl. beispielsweise 2. Timotheus 3). So wie das Salz verhindert, dass Fleisch in Fäulnis übergeht, so soll der Christ auf die Welt wirken. Christsein heißt nicht, sich der Umgebung, dem Trend, der allgemeinen Meinung anzupassen und „gute Miene zum bösen Spiel" zu machen. Ein Christ passt sich Christus an und bekennt ihn in Wort und Werk. Wenn Christen nicht das Böse überwinden, wird es weiter zunehmen. Das Salz wäre dann nichts mehr nütze.

In Markus 9,50 wird Salz in Verbindung mit dem Frieden gebracht, den die Jünger untereinander haben sollen. Das hat zur Folge, dass die Jünger Jesu von Selbstsucht, Bitterkeit, Zorn und Groll, von Selbstbezogenheit und Verdrießlichkeit ablassen sollen. Nur dann wird der Christ in Frieden mit den Mitmenschen leben.

Diese Hinweise sind zwar einleuchtend. Es ist

aber nicht einfach, sie im Alltag umzusetzen. Mancher Kampf ist notwendig, beispielsweise mit den Gedanken, die einen an Negatives erinnern und mit den Gefühlen, die Verletzungen immer wieder „erlebbar" machen. Voraussetzung ist, dass man erkennt, dass einen die „Pflege" dieser Gedanken und Gefühle nur „nach unten" ziehen und nicht glücklich machen. Trotz dieser Erkenntnis wissen manche aber nicht, wie sie davon loskommen können. Hierzu hat Jesus eine Hilfe gegeben, die man auch als „Salz" bezeichnen kann. Betet der Christ nicht im Vaterunser „… und erlöse uns von dem Bösen"? Wer diese Bitte immer wieder Gott entgegenbringt, wird von ihm die Kraft empfangen, sich selbst zu überwinden und ein Friedensstifter zu werden.

Salz reinigt und schützt vor Krankheit. Daher wurden Säuglinge in früheren Zeiten nach der Geburt mit Salz abgerieben und waren so monatelang gesund.

Eltern sollten daher Salz der Erde für ihre Kinder sein. Wenn sie diesen von klein auf den christlichen Glauben vorleben und sie vor allem das Beten lehren, dann ist Jesus in der Familie immer wieder Gesprächsthema.

So verhelfen die Eltern ihren Kindern zu einer gesunden, glaubensmäßigen Entwicklung.

Auch die Ausstrahlung, die der Christ auf seine Umwelt hat, soll so kräftig wirken, dass der eine oder andere sich von dem Leben für Christus anstecken lässt.

Die Aussage Jesu, dass das irdische Salz seine Wirkung verlieren kann, ist umstritten. Jesus nimmt aber diesen Hinweis als Metapher, weil er die Gefahr sieht, dass ein Christ seinen Glauben nicht mehr ernst nimmt und sich der Welt gleichstellt. Damit wird er oberflächlich und gleichgültig, so, wie es in der Offenbarung zu lesen ist: „Du hast den Namen, dass du lebst, und bist tot“ (Offenbarung 3,1) und: „Ach dass du kalt oder warm wärest! Weil du aber lau bist und weder warm noch kalt, werde ich dich ausspeien aus meinem Munde“ (Offenbarung 3,15.16).

Jede zur Schau gestellte Frömmigkeit ist dem Wesen Jesu zuwider. Genau darauf stellt Apostel Paulus ab, wenn er in dem bereits oben zitierten Bibelwort in 2. Timotheus 3,5 kritisiert: „... sie haben den Schein der Frömmigkeit, aber deren Kraft verleugnen sie“, was in der Übersetzung von Ludwig

Albrecht[3] noch eindeutiger formuliert ist: „Sie halten wohl noch fest an den äußern Bräuchen der Frömmigkeit, aber sie geben ihr keinen Einfluss auf ihr Leben." Sie sind Scheinchristen, aber keine Christen der Tat. Genau dieses oberflächliche Leben, das nur auf sich selbst bezogen ist („Du sprichst: Ich bin …"), klagt Jesus an. Er zeigt die innere Armut dieser Menschen in Offenbarung 3,17, die er mit den Worten einleitet: „… und weißt nicht …"

Licht der Welt

„Ihr seid das Licht der Welt … So lasst euer Licht leuchten vor den Leuten, damit sie eure guten Werke sehen und euren Vater im Himmel preisen" (Matthäus 5,14.16).

So, wie Jesus Licht der Welt ist, sollen die, die ihm nachfolgen und von ihm ergriffen sind, sich bemühen, das Licht weiterzutragen.

Was Jesus zu seiner Zeit war, soll der Jünger und die Jüngerin Jesu zu allen Zeiten sein: Heute bedeutet Nachfolge Christi, sich bewusst zu sein, dass man beobachtet wird. Das Verhalten

---

3 Das Neue Testament, übersetzt von Ludwig Albrecht, Gießen 1962

soll möglichst so sein, dass man niemanden enttäuscht, weil beispielsweise die Worte anders sind als die Taten. Christ sein heute heißt vor allem authentisch sein: „Ist Jesus auch dann an mir sichtbar, wenn ich mich unbeobachtet fühle oder mich irgendwo befinde, wo ich mich scheinbar gehen lassen kann?"

Alles, was man von Jesus empfangen hat, soll weitergetragen und nicht für sich behalten werden. Jeder Mensch hat das Recht, von Christus, seiner Liebe und Barmherzigkeit ergriffen zu werden. Eine Gemeinde ist keine „geschlossene Gesellschaft", sondern sie lebt nach dem Grundsatz, den Jesus einmal prägte: „… wer da will, der nehme das Wasser des Lebens umsonst" (Offenbarung 22,17).

Der Umgang mit anderen Christen, gleichgültig welcher Glaubensgemeinschaft sie angehören, sollte brückenbauend, nicht abwertend sein. Nur durch Liebe kann man die Wärme spüren, die sich in Jesus offenbart. Wenn sich die christlichen Kirchen einander zuwenden und nicht mehr bekämpfen, zeugen sie davon, dass sie Jesus verstanden haben, sein Licht überallhin leuchten zu lassen. Nur so können Gräben überwunden werden.

Was meint Jesus, wenn er von den „guten“ Werken spricht?

Der verwendete griechische Begriff für „gut“ bedeutet nicht nur gut an sich, von guter Qualität, sondern auch „anziehend“ und „schön“. Es ist für einen Christen wichtig zu beachten, dass wahre Frömmigkeit nichts mit Härte, Kälte oder Strenge zu tun hat. Christliche Frömmigkeit und Güte sind nie ohne einen gewissen Zauber und Schönheit. Das Wesen eines Christen ist gewinnend, nicht abstoßend.

Die guten Werke, zu denen Jesus den Christen von heute einlädt, können mit dem bereits verwendeten Bild des Brückenbauens am anschaulichsten beschrieben werden.

Die Brücken Jesu

Die Brücke der Achtung und Wertschätzung

Die folgenden Brücken Jesu sind bedeutend für ein Zusammenleben in christlicher Nachfolge, wobei nur ein Teil angesprochen werden kann. Die Brücke der Achtung und Wertschätzung scheint die grundlegendste Brücke zu sein.

In einer Synagoge hatte Jesus trotz der ihm von den Pharisäern entgegengebrachten Feindschaft einem Mann mit einer verdorrten Hand ausschließlich durch sein Wort Heilung verschafft (vgl. Lukas 6,6 ff.). Er tat dies, nachdem er den Mann gerufen hatte, sich in die Mitte zu stellen. Was wollte Jesus damit allen vermitteln?

Ein Mensch mit einem Handicap führt oft ein Leben am Rande der Gesellschaft. Wie es im Herzen eines solchen Menschen aussieht, kann fast nicht beschrieben werden. Es muss deprimierend sein zu fühlen, wie man von seiner Umwelt kaum akzeptiert wird. Das alles war Jesus bewusst, als er den Mann in die Mitte rief. Jesus wollte allen zeigen: „Diesem Menschen gehört volle Beachtung. Er ist nicht weniger wert als alle, die ‚gesund' scheinen. Meine Liebe zu ihm ist nicht weniger als zu allen anderen.“ Wo immer man Menschen trifft, die ein Handicap haben – im persönlichen Umfeld, in der Gemeinde, gleichgültig wo –, soll man sich nicht scheuen, sich ihnen zuzuwenden. Es hilft diesen nicht, sie zu bemitleiden, sondern ihnen Empathie und Mitgefühl zu schenken. Jesus ist den Menschen immer auf Augenhöhe begegnet. Der Nachfolger Jesu kann auch hier von seinem Meister lernen.

Jesus hat Kindern eine Wertschätzung entgegengebracht, die zu seiner Zeit nicht selbstverständlich war. Kinder waren eher verachtet. Als die Jünger verhindern wollten, dass die Menge die Kinder zu Jesus brachte, damit er sie anrühre, wurde er darüber unwillig (wörtlich: „er wurde zornig“). Jesus lud die Kinder ein, zu ihm zu kommen, ihm ganz nahe zu sein und zeigte ihnen seine besondere Wertschätzung, indem er sie herzte und segnete (vgl. Markus 10,13.16). Kinder brauchen Wertschätzung, Nähe, vor allem Berührung, Liebkosen und Streicheln, sonst fehlt ihnen etwas in ihrem Leben.

Selbst der von vielen, sicher nicht zu Unrecht verachtete Zachäus erlebte, wie Jesus zum

Entsetzen der umstehenden Menschen diesem wertschätzend begegnete (vgl. Lukas 19,1–10). Zachäus saß auf einem Baum und wollte Jesus schauen. Was tat Jesus? Er schaute zu Zachäus auf, rief ihn zu sich und schenkte ihm Nähe. Jesus ging mit ihm nach Hause und trat damit in das persönliche Leben des Gerufenen. Er kümmerte sich nicht darum, was die Umgebung sagte, sondern sah das Herz dessen, der mit seinem Leben nicht zufrieden war.

So konnte Jesus zum Abschluss der Begegnung zu ihm sagen: „Heute ist diesem Hause Heil widerfahren, denn auch er ist ein Sohn Abrahams. Denn der Menschensohn ist gekommen, zu suchen und selig zu machen, was verloren ist" (Lukas 19,9.10).

Wie viele Menschen werden in unseren Tagen verachtet, einfach nur deshalb, weil sie anders sind. Ein Christ versucht immer wieder eine Brücke der Achtung und Wertschätzung entstehen zu lassen, und weigert sich, am Bau der Mauer der Verachtung mitzuarbeiten.

Es ist keine Stärke, den anderen zu verachten. Stark ist der, der den Gesunkenen liebend hinaufzieht.

Eine Novizin beobachtete Mutter Teresa, wie sie sich bemühte, einen in der Gosse liegenden, zerschundenen Mann ins Krankenhaus zu bringen und dort liebevoll pflegen zu lassen. Sie fragte die Mutter, was ihr die Kraft gebe, so zu handeln. Ihre Antwort: „Die fünf Worte: ‚Das habt ihr mir getan.'"

Die Brücke der Vergebung

Die Jünger waren von Jesus einiges gewohnt: Er heilte am Sabbat, was generell gegen das damalige Gebot war, gegen das Jesus nach Ansicht der Pharisäer verstieß. Er berührte Aussätzige, was unvorstellbar war. Er gab ihnen ein Kind als Vorbild für ihr künftiges Verhalten, abgesehen von den Wundern, die oft Aufsehen erregten, teilweise sogar die Feindschaft der Pharisäer heraufbeschworen. Was er aber jetzt tat, überstieg ihr Begriffsvermögen. Er, der Meister, wusch ihnen die Füße (vgl. Johannes 13,1–20)! Ein Dienst, der in jener Zeit vornehmlich den Sklaven vorbehalten war. Gerade diesen niederen Dienst führte Jesus, ihr Meister, aus. Alle Jünger fühlten sich dabei unwohl. Nur einer, Petrus, wagte es, dieses Gefühl in Worte zu kleiden: „Nimmermehr sollst du mir die Füße waschen!“ Doch das, was Jesus in der Folge erklärte, bezog sich nicht auf die Tat allein, sondern hatte eine hohe Bedeutung für die Erfüllung des Auftrages der Jünger in der Zukunft bis in unsere Zeit.

Jesus setzte das um, was er in der Folge des Streites, den die Jünger zuvor hatten (vgl. Matthäus 20,20 ff.) von ihnen forderte: Sie sollten nicht wie Könige herrschen, sich nicht hochleben lassen, sondern Diener sein. Er stellte der Amtsautorität die Macht des Dienens gegenüber. Denn ein Jünger Jesu beweist sich im Dienen.

Er zeigte jedem Jünger seine Barmherzigkeit. Selbst dem, der ihn später verriet, ließ er seine Güte erfahren. Mit der Fußwaschung lehrte er, dass ein Jünger Jesu immer wieder „reinigend“, d.h. dem anderen vergebend begegnen soll. Nur der, der vergibt, hat Teil an Jesus (wörtlich: er hat Platz bei Jesus, „passt zu ihm“). Denn das Vergeben ist „Typisch Jesus“. Petrus verstand die Worte Jesu erst nach dessen Tod und Auferstehung. Die Taten des Auferstandenen – Frieden spenden, Petrus zum Hirten der Lämmer und Schafe Jesu machen, ohne die geringsten Vorwürfe bezüglich vergangener Verfehlungen – ließen die Fußwaschung im Rückblick in einem besonderen Licht erscheinen.

Im Anschluss an die Abendmahlsfeier führte Jesus ein Gespräch mit Petrus, der bekundete, sich nicht an ihm zu ärgern. Jesus hielt Petrus entgegen, dass er, ehe der Hahn krähe, ihn dreimal verleugnen würde (vgl. Matthäus 26,34). Es genügte ein Blick des Meisters und der verleugnende Petrus ging in sich, wandte sich um und weinte bitterlich (vgl. Matthäus 26,75). Jesus hat die Brücke zur Reue gebaut, ohne in der Folge Petrus jemals einen Vorwurf gemacht zu haben. Welch eine Größe zeigt ein Mensch, der es fertigbringt, aus Liebe und Güte heraus das Vergangene ruhen zu lassen. Als der Auferstandene im Kreis der Jünger erschien und sie mit dem Friedensgruß „Friede sei mit euch" begrüßte, bereitete er für sie die Zukunft und erinnerte nicht an Fehler der Vergangenheit (vgl. Johannes 20,19 ff.).

Diese Hinweise zeigen, wie lebensnotwendig die Brücke der Vergebung ist. Er, der Brückenbauer Jesus, hat es vorgelebt, selbst in schwerster Stunde am Kreuz (vgl. Lukas 23,34). Eine Gemeinschaft, gleichgültig, wie groß oder klein sie sein mag, kann künftig nur dann bestehen, wenn man einander nichts nachträgt und die Vergangenheit loslassen kann. Das geht nicht sofort, dazu braucht es Zeit.

Zwischen zwei Freunden ist es zu einem Bruch gekommen. Jeder macht dem anderen Vorwürfe. Anscheinend ist der eine das Opfer, der andere der Täter. Verständlicherweise tut sich das Opfer schwer damit, das Vergangene aufzuarbeiten und dem Täter zu vergeben. Das Problem wäre dann nicht gelöst und würde nur größer, würde es das Opfer „genießen", den Täter „zappeln" zu lassen, obwohl beide unter dem Zustand leiden. Niemand ist glücklich. Vergeben funktioniert nicht auf Kommando. Sich bei einer Vertrauensperson auszusprechen – und wenn es immer wieder dasselbe ist – ist wichtig und ein erster Schritt zur inneren Heilung. Um zu vergeben muss man ständig neu einen Anlauf nehmen, und dennoch nicht enttäuscht sein, dass man es noch nicht geschafft hat. Nicht aufgeben, weiterkämpfen, bis man innerlich bereit ist, im Gebet das „Anklageregister" an Jesus abzugeben, um ihm im wahrsten Sinne des Wortes zu vergeben. Und dann, wenn das Alte wieder auftaucht und

Unruhe schaffen will, kann man sich bewusstmachen, dass Jesus besser damit umgehen kann als man selbst. Nur Vergebung macht frei und heilt.

Die Brücke der Güte

Nach dem Weggang der Pharisäer sagte Jesus zur Ehebrecherin: „So verdamme ich dich auch nicht" (Johannes 8,11). Wie oft und wie viele werden heute verdammt und verurteilt, Menschen bekommen einen Stempel aufgedrückt, den sie ihr ganzes Leben nicht mehr wegbekommen. Den Nächsten nicht zu verurteilen, trotz offensichtlicher Fehler – das ist die Aufgabe des Christen, der sich bewusst ist, dass der Mensch doch nur das sieht, was vor Augen ist (vgl. 1. Samuel 16,7).

Mit der Zunge kann nicht nur Gutes bewirkt, sondern auch viel Böses angerichtet werden. Das ist vor allem in Jakobus 3,1–12 zu lesen. Diesen Versen ist zu entnehmen, dass der Mensch Herr seiner Gefühle sein soll, sonst würde die Zunge zu einem „Brandstifter" werden, die ungeheuren Schaden anrichten könnte. Dann, wenn man sich ganz bewusst nicht von negativen Emotionen hinreißen lässt, sondern sich selbst besinnt, zu sich selbst und seinen unkontrollierten Gedanken einmal „Stopp!“ sagt, bewusst auf Jesus schaut, um zu innerer Ruhe zu kommen, werden die Worte anders ausfallen, als wenn man sofort lospoltert. Wie viel Streit, wie viele Auseinandersetzungen könnten vermieden werden, wie viele Konflikte könnten in positiver Weise gelöst werden, würde jeder die von Jesus aufgestellte Goldene Regel beachten: „Alles nun, was ihr wollt, dass euch die Leute tun sollen, das tut ihr ihnen auch! Das ist das Gesetz und die Propheten“ (Matthäus 7,12). Man sollte sich aber bewusst sein, dass diese Regel nicht „automatisch“ funktioniert, und der, der Gutes tun will, dennoch nicht immer Erfolg hat. Das sollte uns aber nicht daran hindern, dennoch wie Jesus zu handeln.

Zu diesem Thema sagt Jesus als der Brückenbauer: „Ihr habt gehört, dass zu den Alten gesagt ist (2. Mose 20,13; 21,12): ‚Du sollst nicht töten‘; wer aber tötet, der soll des Gerichts schuldig sein. Ich aber sage euch: Wer mit seinem Bruder zürnt, der ist des Gerichts schuldig; wer aber zu seinem Bruder sagt: Du Nichtsnutz!, der ist des Hohen Rats schuldig;

wer aber sagt: Du Narr!, der ist des höllischen Feuers schuldig“ (Matthäus 5,21.22).

Unter Zorn wird hier ein grollender Zorn verstanden, ein Zorn, den die Menschen um keinen Preis aufgeben wollen. Dieser Zorn ist unversöhnlich und auf Rache bedacht.

In der Folge spricht Jesus dann von dem Zorn, der sich in kränkenden Worten äußert. In dem Begriff „Nichtsnutz“ steckt verächtliche Geringschätzung. Unchristlich ist es, jemanden zu verachten, gleichgültig aus welchem Grund. Einen Menschen aber einen Narren zu nennen, heißt, ihn um seinen guten Namen und Ruf zu bringen. Die Bedeutung geht so weit, dass man dem so Genannten das Recht zu leben abspricht, und drückt damit aus, dass man ihm den Tod wünscht. Solche, die so vom Nächsten reden, wie es Jesus verurteilt, sind Mörder in ihrem Herzen.

Ein Mädchen besucht die Schule. Der Lernerfolg will sich nicht einstellen. Immer wieder kämpft es mit den Tränen. Der Lehrerin gelingt es, ein Vertrauensverhältnis zu dem Kind aufzubauen. Eines Tages „platzt“ es förmlich aus dem Kind heraus. Das Mädchen schildert das ganze Elend, welches es bedrückt, und das in folgendem Satz gipfelt: „Meiner Mutter kann ich nie etwas recht machen. Ich bekomme nur Vorwürfe. Gestern schrie mich meine Mutter an: Wärest du nur nicht geboren! Du bist schuld, dass es mir so schlecht geht."

Wie wertlos wird sich wohl ein solches Kind vorkommen? Wie sinnlos mag dem Kind sein Leben erscheinen, in dem es das Wichtigste vermisst: sich von der Mutter angenommen, verstanden und geliebt zu fühlen! Es kann sein, dass für die Mutter die Geburt des Kindes viele Nachteile gebracht hat. Dennoch ist gewiss: Kein Mensch gibt sich selbst das Leben und ist schuld, dass er geboren wurde.

In einer Gemeinde geht das Gerücht über ein unangemessenes Verhalten von Geschwistern um. Wohlgemerkt: Es ist ein Gerücht. Man weiß nicht genau, ob es stimmt. „Aber da müsste man …!" „Ich hätte nicht gedacht …" Plötzlich werden Vorwürfe erhoben und der Bruder oder die Schwester verurteilt, kalt und herzlos. Wie sang kürzlich die Gemeinde noch: „In Wort und Werk, in allem Wesen, sei Jesus und sonst nichts zu lesen …"

Die Brücke der Feindesliebe

Eine Forderung Jesu ist im Matthäusevangelium (Matthäus 5,44.45.48) beschrieben, die zu erfüllen fast unmöglich erscheint: „Liebt eure Feinde und bittet für die, die euch verfolgen, auf dass ihr Kinder seid eures Vaters im Himmel … Darum sollt ihr vollkommen sein, wie euer himmlischer Vater vollkommen ist."

Wie soll so etwas möglich sein? Warum verlangt Jesus das? Wie kann man jemanden lieben, der es ablehnt, einen selbst zu lieben?

Man muss beachten, dass die deutsche Sprache nur einen Begriff für das Wort „Liebe" oder „lieben" hat, die griechische Sprache dagegen, in der das Neue Testament geschrieben ist, vier Begriffe kennt. Erstens ist es die Liebe der Eltern zu den Kindern und umgekehrt (griech. storge). Zweitens versteht man darunter die (leibliche) Liebe zwischen Mann und Frau (griech. eros). Drittens ist damit das Liebhaben im Sinne von „liebkosen" und „küssen" gemeint und es ist Ausdruck inniger und zärtlicher Zuneigung (griech. philia). Viertens ist die Liebe Ausdruck einer durch nichts zu erschütternde Güte, Zuneigung und Wohlwollen (griech. agape). Gleichgültig, wie sich der andere einem selbst gegenüber verhält, auch wenn er kränkt und Kummer bereitet, soll der Christ dem anderen dennoch Wohlwollen und Güte entgegenbringen. Diese Liebe ist ein bewusster Entschluss, nicht Gleiches mit Gleichem zu vergelten. Es ist ein christliches Gebot, das nur durch die Gnade Jesu, durch seine Kraft im Menschen, durch seine Hilfe erfüllt werden kann.

Wieso stellt Jesus diese Forderung auf? Sie ist die Grundlage der zwischenmenschlichen Beziehungen, ohne deren Erfüllung nicht nur ein Zusammenleben der Menschen auf Erden unmöglich wird, sondern sich am Ende die Menschheit selbst ausrotten würde. Der Christ sollte im Erfüllen des Gebotes der Feindesliebe ein Vorbild sein. Wem sonst als dem Christen ist die Fähigkeit durch Christus gegeben zu handeln, wie Gott handelt? Sich zu bemühen, wie Gott dem Nächsten – gleichgültig wer er ist – Wohlwollen entgegenzubringen, entspricht der Aufforderung Jesu: „Darum sollt ihr vollkommen sein, wie euer himmlischer Vater vollkommen ist“ (Matthäus 5,48). Vollkommen zu sein heißt, nicht wie die Menschen zu handeln, die Unterschiede machen, sondern so, wie Gott schon längst gehandelt hat, der keine Unterschiede macht. Am Handeln der Jünger Jesu soll man das Wesen Gottes erkennen.

Dazu sprechen auch die folgenden Worte des Apostels Paulus an die Römer: „Segnet, die euch verfolgen; segnet, und verflucht sie nicht … Vergeltet niemandem Böses mit Bösem. Seid auf Gutes bedacht gegenüber jedermann … Rächt euch nicht selbst, meine Lieben … Lass dich nicht vom Bösen überwinden, sondern überwinde das Böse mit Gutem“ (Römer 12,14.17.19.21).

In einer Kirche in München hatte Corrie ten Boom über Vergebung gesprochen. Später erschien ihre Lebensgeschichte als Buch und als Film. In dem Vortrag sagte sie, Sündenvergebung bedeute, dass die Sünden ins Meer geworfen würden, und zwar dort, wo es am tiefsten sei.

Nach dem Vortrag bahnte sich ein kahlköpfiger, schwerer Mann den Weg zu ihr. Corrie ten Boom erkannte in ihm unmittelbar den grausamsten Wächter des KZ Ravensbrück, in dem sie selbst viele Jahre inhaftiert worden war. Plötzlich stand er vor ihr und streckte ihr die Hand entgegen. Sie erinnerte sich an ihn und an die Lederpeitsche, die damals in seinem Gürtel steckte.

„Sie erwähnten Ravensbrück in Ihrem Vortrag", sprach er sie an. „Ich war Wärter dort. Aber das ist vorbei. Ich bin inzwischen Christ geworden. Ich weiß, dass Gott mir alle Grausamkeit, die ich dort getan habe, vergeben hat. Aber ich möchte es auch aus Ihrem Munde hören! Können Sie mir vergeben?"

Da stand ich nun – ich, der Sünden wieder und wieder vergeben wurden – und konnte es nicht. Konnte er den langsamen und schrecklichen Tod meiner Schwester in Ravensbrück einfach mit diesem Wort ausradieren? Aber ich spürte, ich musste ihm vergeben. Ich bemühte mich, meine Hand krampfhaft zu erheben. Ich konnte es nicht. Hölzern, mechanisch legte ich dann schließlich meine Hand in die ausgestreckte Hand des Mannes. Als ich es tat, geschah plötzlich etwas Unglaubliches! Eine heilende Wärme schien mein ganzes Sein zu durchfluten. Tränen kamen mir in die Augen. „Ich vergebe dir, Bruder, von ganzem Herzen!"

Ich hatte Gottes Liebe noch nie so intensiv erlebt wie in diesem Augenblick. Dieses Erlebnis bestätigt, was Gertrud von le Fort einmal bemerkt: „In der Verzeihung des Unverzeihlichen ist der Mensch der göttlichen Liebe am nächsten."

Die Brücke der Barmherzigkeit

In dem bekannten Gleichnis vom barmherzigen Samariter (vgl. Lukas 10,25–37) lehrt Jesus, dass die in der Barmherzigkeit geäußerte Liebe das Leben des Menschen prägen muss. Der barmherzige Samariter, ein von den Juden Verachteter, dem man es nicht zutraute, hat sein Herz sprechen lassen. Er war für den Geschlagenen der Nächste.

Das Gleichnis vom barmherzigen Samariter hat folgende, markante Aspekte:

Jesus spricht in dem Gleichnis von einem „Menschen", der von Jerusalem nach Jericho ging. Hierbei stellt er nicht die Frage, ob es ein Angehöriger derselben Religion oder „nur" ein Fremder ist. Es ist ein Mensch!

Jesus lehrt, dass die Beachtung des Gebotes der Liebe über allen Geboten steht. Es war mit Sicherheit eine bewusste Provokation für einen Schriftgelehrten, dass ihm zugemutet wurde, sich einen Samariter, den er aus mehr oder wenigen bekannten Gründen ablehnt, zum Vorbild zu nehmen.

Entscheidend ist nicht, die Antwort auf die Frage zu geben, wer „mein Nächster" ist, sondern: „Wem bin ich der Nächste?“ Wenn man so fragt, entscheidet nicht mehr die Sprache, die Religion, die Volkszugehörigkeit, sondern nur die Tatsache, dass es sich um einen Menschen in Not handelt, der meiner Hilfe bedarf.

„Es ist leichter, alle zu lieben als einen. Die Liebe zur ganzen Menschheit kostet gewöhnlich nichts als eine Phrase. Die Liebe zum Nächsten fordert Opfer“, schreibt der Schriftsteller Peter Rosegger. Es geht Jesus bei diesem Gleichnis um die konkrete Hilfe, nicht um ein Gefühl.

Etwas, das leicht übersehen wird, aber für dieses Thema nicht weniger bedeutsam ist, ist die Lehre, die jeder für sich ziehen soll: „Lass dir selbst helfen. Denke nicht, dass du es nicht wert bist oder jede Hilfe für dich zu spät kommt. Auch du hast einen ‚Samariter‘.“

In einem christlichen Lied mit einem Text von Walter Rauschenbusch (Neuapostolisches Gesangbuch von 1925, 341) ist die Rede davon, dass manches Herz ermüden will, manche Seele nach Frieden seufzt. Daran schließt sich die Aufforderung, ein Lächeln zu erneun, „nur“ ein Kinderherz zu erfreun, nichts Gutes für zu klein zu halten. In einer weiteren Strophe ist der ernste Appell zu lesen: „Lass das Herz voll Liebe sein, lass die Hände Segen streun, mach die Welt voll Sonnenschein …"

Aus dem Gleichnis Jesu kann man eine tägliche Aufgabe ableiten: achtsam durchs Leben gehen und nicht meinen, dass einen das Zeitgeschehen nichts angehe. Denn Christsein heißt „Salz der Erde" und „Licht der Welt" zu sein. Es sind vor allem die sogenannten Kleinigkeiten, auf die es ankommt und wo man Samariter sein kann:

- Nicht bei Ausgrenzungen von anderen in der Gemeinde oder anderswo mitmachen, sondern sich bewusst auf die Seite der Schwächeren stellen. Das hat Jesus immer getan.
- So viel Liebe ausstrahlen als „Licht der Welt" (!) und vertrauenswürdig handeln, dass uns andere in ihren besonderen Lebenssituationen ins Vertrauen ziehen und sich bei uns aussprechen.
- Besonders sollte man den nicht ausgrenzen, der einen Fehler gemacht hat und in der Folge von vielen abgelehnt wird und darunter leidet. Es ist die Aufgabe des „Samariters", Vermittler und Friedensstifter zu sein.

Die Quintessenz liegt in dem einfachen Aufruf: Handle und packe an!

Die Brücke der Sanftmut

Es ist verwunderlich, dass die Jünger Jesu immer wieder die Frage nach dem Größten im Himmelreich, in der Gemeinschaft mit Jesus oder seiner Gemeinde gestellt haben. Auch in Matthäus 18,1ff. findet man diese Frage und die Antwort Jesu dazu. Es ist bezeichnend für den Menschen, dass er lieber die Rolle eines „Herren" einnimmt, als jene eines Dieners spielt. Gehorsam einzufordern ist leichter, als gehorsam zu sein. Man kann alles vom Anderen verlangen, ohne selbst ein Vorbild zu sein. In der Folge bleibt es aber nicht aus, dass man sich vor einem solchen „Herrn" fürchtet, denn alle sind seinen Launen und seiner Unberechenbarkeit ausgesetzt. Oder, um es anders zu formulieren: Der Jünger Jesu möge sich vor Profilierungssucht in der Gemeinde hüten. Diese entspricht nicht dem Wesen Jesu. Nicht das Pochen auf eine Leistung oder der Stolz auf eigene Werke zeichnet den Jünger aus, sondern das „sanftmütig und von Herzen demütig sein". Das hebräische Wort für sanftmütig, „prays", hat in der Übersetzung ins Deutsche verschiedene Nuancen.

Erstens: wehrlos, die Gewalt verabscheuend. Jesus zog sanftmütig, d. h. wehrlos, auf einem Esel reitend in Jerusalem ein (vgl. Matthäus 21,1 ff.). Wie notwendig wäre es in dieser Zeit, dass jeder Mensch bereit wäre, Gewalt zu verabscheuen.

Zweitens: sich selbst beherrschen und in der Gewalt haben (was nicht immer gelingt). Daher möge man Jesus bewusst bitten, einem die Kraft der Selbstbeherrschung zu verleihen. In Galater 5,23 werden Sanftmut gemeinsam mit Keuschheit, wörtlich „Selbstbeherrschung", als Frucht des Geistes bezeichnet.

Drittens: Sanftmut ist auch die Fähigkeit, nicht zu schweigen, wenn dem anderen Unrecht geschieht, dann aber stille zu sein, wenn es einen selbst trifft (vgl. das Verhalten Jesu bei der Tempelreinigung (Matthäus 21,12 ff.) und sein Schweigen vor dem Hohen Rat (Matthäus 26,63)).

Welche Lehre soll der Christ heute aufgrund dieser Worte Jesu annehmen? Jeden Tag, und damit immer wieder neu, gilt:

- Ich schaue auf Jesus und prüfe im Gebet ernstlich, ob etwas in mir dem Wesen Jesu zuwider ist. Dabei ist das Wort Gottes für mich wie ein Spiegel, in dem ich Jesus und mich sehe. Ich will kein vergesslicher Hörer des Wortes sein (vgl. Jakobus 1,22–25). Im Aufschauen zu Jesus gibt es immer etwas zu korrigieren, woran ich täglich arbeiten will, damit das Alte vergeht und Neues entsteht (vgl. 2. Korinther 5,17).
- Ich mache mich klein: Das lebte Jesus bei der Fußwaschung seinen Jüngern vor (vgl. Johannes 13). Wer sich klein macht, ist sich auch bewusst, dass er ohne Jesus nichts tun kann (vgl. Johannes 15,5). Darum sucht er im Gebet Verbindung mit ihm, um im Sinne Jesu zu reden und zu handeln. Derjenige, der sich wirklich klein macht, redet nicht darüber, stellt sich nicht ins Licht, um zu zeigen, wie demütig er ist – das würde unangenehm auffallen. Über die persönliche Demut zu reden wäre ein Zeichen von Hochmut, das der Demut widerspricht. Derjenige, der sich im Sinne Jesu klein macht, strahlt Souveränität, Frieden und Liebe aus. So erfüllt sich das Wort Jesu auch an mir,

was einst Apostel Paulus sagte: „Lass dir an meiner Gnade genügen; denn meine Kraft vollendet sich in der Schwachheit“ (2. Korinther 12,9).

Demut hat nichts mit Selbstverachtung zu tun, sondern meint die rechte Selbsteinschätzung vor Gott und den Menschen, die sich in Milde und Sanftmut äußert.[4]

Astrid Lindgren erzählte in ihrer Rede anlässlich der Verleihung des Friedenspreises des Deutschen Buchhandels im Jahr 1978 von einer Mutter, die ihren Sohn, der nicht gehorsam war, strafen wollte. Da kein Stock zu Hause war, befahl sie ihrem Sohn, einen zu besorgen. Nach einiger Zeit kam er mit einem Stein, den er der Mutter mit der Bemerkung gab, dass sie damit gegen ihn werfen könne. Daraufhin nahm die Mutter den Sohn in ihre Arme, stellte den Stein auf den Schrank mit einem Schild, auf den sie schrieb: „Nie wieder Gewalt.“

---

[4] Elberfelder Studienbibel, Witten 2019, Erklärung zum Begriff „Demut“

Die Brücke des Trostes

Jesus erfuhr durch Boten, die Marta und Maria zu ihm schickten, vom schlechten Gesundheitszustand seines Freundes. Er entließ die Boten mit dem Hinweis, dass die Krankheit nicht zum Tode, sondern zur Verherrlichung des Sohnes Gottes sei (vgl. Johannes 11,4.5). Lazarus starb. Jesus ließ sich noch Zeit, nach Bethanien zu ziehen. Als er vor Ort war, lag Lazarus bereits vier Tage im Grab. Der Glaube der Juden war, dass die Seele drei Tage beim toten Körper verweilte, um in ihn zurückzukehren. Am vierten Tag gab sie die Hoffnung auf Rückkehr auf. Für Trauerbesuche war eine Zeit von sieben Tagen üblich. Jesus kam genau in der Mitte der Trauerwoche, also dann, als keine Hilfe mehr möglich war.

Er tritt direkt in das Elend, das die Trauernden getroffen hat. Jesus nimmt nicht nur daran teil, er fühlt mit und ist von der Schwere des Leides zutiefst berührt. Er verhält sich als ein besonderer Seelsorger und Tröster. Nicht er eröffnet das Gespräch mit den Trauernden, sondern wartet darauf, dass Marta ihr Herz ausschüttet. Ihr „Herr, wärst du hier gewesen …“

(Johannes 11,21) zeigt ihre Traurigkeit, Verzweiflung und Enttäuschung, die Jesus ohne Widerrede aufgenommen hat. Ihre vertrauensvolle Zuwendung an Jesus mit den Worten: „Aber auch jetzt weiß ich: Was du bittest von Gott, das wird dir Gott geben ..." (Johannes 11,22) lässt sie Worte hören und eine Tat sehen, mit denen sie nicht rechnen konnte. Das Gespräch mit Jesus hat das Herz leichter gemacht.

Jeder Mensch durchlebt Stunden, die jener einer Marta ähnlich sind. An wen wendet man sich dann? An den dreieinigen Gott mit all den Gefühlen, die jener einer Marta gleichen. Selbst dann, wenn man denkt, von Gott verlassen zu sein, sollte man nicht aufhören, die Gebetsbrücke zu begehen. Nicht am Anfang der Brücke stehenbleiben, nicht umkehren, wenn man meint, dass von der anderen Seite nichts kommt. Jesus selbst ist diese Brücke in Gethsemane in höchster Angst und im größten Leid und in tiefstem Schmerz auf Golgatha gegangen. Der Schrei Jesu ist bekannt: „Mein Gott, mein Gott, warum hast du mich verlassen?" (Matthäus 27,46). Nicht aufgeben – Gott hört. Der letzte Ruf von Jesus war: „Vater, ich befehle meinen Geist in deine Hände!" (Lukas 23,46).

Immer wieder erlebt der Mensch Situationen, in denen es notwendig ist, dass zu seinem Herzen die Brücke des Trostes gebaut wird, sonst würde er verzweifeln. Gott selbst war es, der durch den Propheten Jesaja das Versprechen gegeben hat: „Ich will euch trösten, wie einen seine Mutter tröstet“ (Jesaja 66,13). So wie Gott gleich einer Mutter tröstet, die das traurige Kind in den Arm nimmt, es trägt, liebevolle Worte ins Ohr flüstert, so soll der Mensch sich bemühen, im Sinne Gottes, im Sinne Jesu die Brücke des Trostes zu bauen.

Wie weh tut es Menschen, bloßgestellt zu werden. Wie tröstlich ist es dann, jemanden zu haben, der in die Bresche springt. Erbarmen deckt den zu, der sich nach Erbarmen sehnt. Wie sagt Jesus: „… Ich bin nackt gewesen und ihr habt mich gekleidet ... Was ihr getan habt einem von diesen meinen geringsten Brüdern, das habt ihr mir getan“ (Matthäus 25,36.40).

Von einer Familie mit drei Söhnen fiel im Zweiten Weltkrieg ein Sohn. Der Seelsorger machte einen Besuch, um die Familie zu trösten. Er meinte, dass der beste Trost ein Bibelwort sei. Nach der Begrüßung und ein paar einleitenden Worte zitierte er zum Trost einen Vers aus dem Buch Hiob; „Der Herr hat's gegeben, der Herr hat's genommen. Der Name des Herrn sei hochgelobt." Nach kurzer Zeit verstarb der zweite Sohn. Als Trostwort brachte der Seelsorger die Paulusworte; „Denen, die Gott lieben, müssen alle Dinge zum Besten dienen." Als dann der dritte Sohn starb, fehlten dem Seelsorger die Worte. Er weinte nur mit der Familie und brachte nicht mehr als stammelnd ein Gebet hervor. Als die Eltern den Seelsorger ein wenig später bei einem Spaziergang trafen, bedankten sie sich für seinen großen Trost, den sie beim Tod des dritten Sohnes von ihm empfangen hätten. Der Priester gab beschämt zu, dass er nicht wüsste, wie er getröstet haben könnte, habe er doch nur geweint und kaum ein Wort hervorgebracht. Darauf die Eltern: „Nicht ihre Worte haben getröstet, sondern ihr Dasein und ihr Mitgefühl."

Die Brücke des Vertrauens

Wie oft passiert es im Leben, dass etwas eintritt, mit dem man nie gerechnet hat und das einem förmlich den Boden unter den Füßen wegzieht. Unzählige Fragen erheben sich, die alle in der einen gipfeln: „Wie geht es weiter? Wem kann ich vertrauen?"

Man fühlt sich von allen verlassen, man meint, dass einen niemand mehr versteht. Zwei Fragen werden immer bohrender: „Welchen Sinn hat es noch, dass ich lebe? Soll ich noch weiterkämpfen?“ Man ist verzweifelt, und negative, depressive Gedanken ziehen immer mehr nach unten. Nicht zuletzt ist es das Schamgefühl, vor anderen als Versager dazustehen, und das einen davon abhält, mit seiner Umwelt das Gespräch zu suchen.

Wie kann ein Christ eine solche Lebenskrise meistern?

Immer wieder hört oder liest man, dass für Schwimmer, die im Meer baden, die Gefahr besteht, von einer Strömung erfasst und ins weite Meer gezogen zu werden. Der Rat, der gegeben wird, lautet: Nicht versuchen, gegen die Strömung anzuschwimmen. Dazu reichten die Kräfte nicht aus und die Gefahr des Untergehens sei zu groß. Die Hilfe bestehe darin, sich solange treiben zu lassen, bis die Strömung an Kraft verliere. Dann sei es möglich, etwas abseits wieder zurückzuschwimmen. Der Schwimmer solle aber immer wieder versuchen, durch Handzeichen oder Rufe Menschen, die am Ufer sind, auf sich aufmerksam zu machen.

Lebenskrisen sind mit derartigen Strömungen zu vergleichen. Derjenige, der sich darin befindet, tut aus verständlichen Gründen alles, um dagegen anzugehen. Bald wird er feststellen, dass sein Leben dadurch nicht leichter wird. Je mehr er kämpft, umso schwächer wird er, umso mehr nimmt die Angst zu. Es klingt zwar alltäglich, scheint aber das einzig Richtige zu sein, nämlich die Situation, in der man sich gerade befindet, zu akzeptieren in dem Bewusstsein und Vertrauen: Es bleibt nicht so!

Gibt es für diese ausweglosen Situationen eine Hilfe in der Heiligen Schrift, um aus diesem „Strudel" herauszukommen und wieder Freude am Leben zu finden?

Kurz vor seinem Tod stellte Jesus seinen Jüngern ein besonderes Zeugnis aus: Sie hatten bei ihm in seinen Anfechtungen ausgeharrt (vgl. Lukas 22,28). Obwohl er wusste, dass ihn sein Vater nie allein lassen würde, brauchte er sichtbare und fühlbare Begleitung durch Freunde, die ihn verstanden, mit denen er sich austauschen konnte und die für ihn da waren. Leider waren drei der Jünger Jesus gerade während seines Ringens in Gethsemane nicht nah (vgl. Lukas 22,45.46).

Eine Hilfe kann dem Buch Sirach 30,21–25 entnommen werden:

Gib deine Seele nicht der Traurigkeit hin, und betrübe dich nicht selbst mit deinen eigenen Gedanken. Denn ein fröhliches Herz ist des Menschen Leben, und seine Freude verlängert sein Leben. Lenke dich ab und tröste dein Herz, und weise die Traurigkeit weit von dir. Denn sie hat schon viele Leute ins Verderben geführt und dient doch zu nichts. Eifer und Zorn verkürzen das Leben, und Sorge macht alt vor der Zeit. Ein fröhlicher und heiterer Mensch achtet auf seine Speisen.

„Gib deine Seele nicht der Traurigkeit hin“: Derjenige, der in eine tiefe Traurigkeit gefallen ist, sieht für sein Leben kaum noch eine Perspektive. Von allein aber schafft er es nicht, das wieder ins Blickfeld zu bekommen, was gut und schön ist und was ihn wieder froh macht. Er braucht jemanden, der ihn mit viel Geduld immer wieder ermuntert.

„… und betrübe dich nicht selbst mit deinen eigenen Gedanken. Denn ein fröhliches Herz ist des Menschen Leben, und seine Freude verlängert sein Leben.“ Es ist sehr schwer,

Herr über seine Gedanken zu sein, vor allem über solche, die so negativ sind, so dass man keinen Ausweg mehr sieht. Sehr viel hängt von der persönlichen Einstellung ab.

Ein älterer Herr geht mit 90 Jahren in ein Altersheim. Der Pfleger nimmt ihn in Empfang. Darauf der Senior: „Ich freue mich schon auf mein Zimmer.“ Verwundert fragt ihn der Pfleger: „Sie kennen doch das Zimmer noch nicht!“ Darauf sagt dieser: „Wissen Sie, ich habe mich dafür entschieden, mich zu freuen. Was bringt mir das Jammern und Klagen? Darum kann das Zimmer nur schön sein.“

„Lenke dich ab und tröste dein Herz, und weise die Traurigkeit weit von dir. Denn sie hat schon viele Leute ins Verderben geführt und dient doch zu nichts.“ Es ist ein guter Rat, sich bewusst abzulenken und das zu tun suchen, was man immer gerne getan und woran man Freude hatte, aber woran man zurzeit scheinbar kein Interesse mehr hat.

Was aber nützt dieser Rat dem, der belastet, entmutigt und innerlich derart leer ist, dass er zu nichts mehr fähig ist? Wie kann einer, dem die Worte fehlen, mit Gott im Gebet in Verbindung treten? Ihn aufzufordern, noch mehr zu beten, wird nichts fruchten, weil er es gerade nicht kann. Auf jeden Fall benötigt ein innerlich gelähmter Mensch jemanden, der für ihn da ist, der versichert, für ihn zu beten, ohne enttäuscht zu sein, wenn der andere sogar ein Gebet mit ihm ablehnt. Mut machen besteht nicht in der Vertröstung „Es wird schon wieder“ oder „Andere haben es geschafft, du schaffst es auch“, sondern diesen Menschen zum Erleben zu führen, dass die Anwesenheit eines Freundes ihm täglich mehr wohltut und damit zu einem Trost wird. Abgesehen davon sollte grundsätzlich ärztliche oder therapeutische, kompetente Hilfe in Anspruch genommen werden.

„Eifer und Zorn verkürzen das Leben, und Sorge macht alt vor der Zeit …“ In Matthäus 6,25 ff. lehrt Jesus, sich nicht zu viele Sorgen zu machen, denn der Mensch macht es sich oft selbst schwer. Er beschäftigt sich mit Sorgen, die schon längst vergangen sind, hat Angst vor Sorgen, die morgen sein könnten, obwohl er gar nicht weiß, ob sie wirklich zu durchleben sein werden. So werden die täglichen Sorgen erdrückend, er wird des Lebens nicht mehr froh und kommt aus dem Grübeln nicht heraus. Er ist wie gelähmt. Jesus empfiehlt nicht, sorglos durchs Leben zu gehen, aber er rät, in allem Gott zu vertrauen, denn „euer himmlischer Vater weiß, dass ihr all dessen bedürft" (Matthäus 6,32).

Was also ist zu empfehlen, damit der scheinbar Gescheiterte Hilfe empfängt?

Ein Rat, Hilfe zu erleben, ist, wie Jesus nie aufzuhören, mit Gott zu reden. Man kann zu ihm schreien, seiner Verzweiflung Ausdruck verleihen, sogar einmal gegen ihn „rebellieren". Gott hat für alles ein Ohr und Herz.

Aber: Gott wird zu seiner Zeit antworten, wann immer das sein wird.

Wichtig ist, einen lieben Menschen in seiner Nähe zu haben, der nicht von der Seite weicht, bis die Krise überwunden ist.

Schließlich ist zu raten, wenn das Herz Schweres trägt und der Blick nach vorn auf den weiteren Weg versperrt scheint: „Wage den Schritt vorwärts! Vertraue der Kraft Gottes! Das Geschehene ist Vergangenheit. Man kann sie nicht mehr ändern. Das zu akzeptieren ist nicht einfach, aber die einzige Möglichkeit, den Blick nach vorn zu richten. Die Zukunft beginnt jetzt. Suche in der Vergangenheit das, was dir Freude gemacht, dich aufgebaut, dich gestärkt hat. Schaue bewusst und solange darauf, bis dein Herz ruhig wird. Sei sicher, dass du etwas findest, wofür du Gott dankbar sein kannst. Und dann blicke nach vorne in der Gewissheit, dass du Ähnliches auch in der Zukunft erleben wirst, auch wenn du sie noch nicht siehst."

Und wenn Gott mich nicht hört?

Wie viele Menschen stellen wohl diese Frage? Es würde eine lange Liste geben, wenn aufgezeichnet würde, wie viele Schreie aus Krankenhäusern von Verzweifelten, Verfolgten und Kindern weltweit zu Gott dringen, sich kein Helfer weit und breit zeigt und die Menschen sich selbst überlassen sind. Wo ist der Gott der Liebe? Warum ist Gott so grausam?

Eine Antwort auf diese Frage versucht das Buch Hiob zu geben.

Der Inhalt des Buches Hiob lässt erahnen, wie es einem Menschen geht, der mit Ausnahme seines Lebens alles verloren hat, was man nur verlieren kann. Der Text ermutigt zu zweierlei:

Man kann aus dem Buch einerseits herauslesen, dass man auch, oder gerade, im Leid an Gott festhalten soll und kann und dass die

Hoffnung auf Rettung dennoch nicht vergebens ist. Gott kann helfen. Wann und wie die Hilfe kommt, weiß aber nur er allein. Ihn kann man nicht begreifen, man muss ihn – wie Hiob – erfahren.

Andererseits hat der vom Leid zutiefst Getroffene die Möglichkeit, sich immer wieder mit Klagen an Gott zu wenden. Klagen ist nicht ein Jammern oder ein Ausdruck von Selbstmitleid – der Jammerer denkt nur an sich und redet nur über sich –, sondern es ist ein Aussprechen, dass etwas nicht in Ordnung ist. In der Klage findet man zurück zur Sprache, wo einem ansonsten die Worte fehlen. Im Leid sind Menschen der Gefahr ausgesetzt, zu vereinsamen oder apathisch zu werden. Klagen ist der erste Schritt auf dem Weg, als Leidender zu überleben. Hiob verstummt nicht. In der Klage tritt er mit Gott in Verbindung, eine Beziehung wird hergestellt.

Das Buch Hiob beantwortet nicht die Frage, warum Gott das Leid zulässt, es ist kein Versuch, Gottes Handeln vor dem menschlichen Verstand zu rechtfertigen. Vielmehr geht es um den Umgang mit dem Leid und um die wichtige Erkenntnis: Gott antwortet – nicht das, was er sagt, ist wichtig, sondern dass er sich meldet. Damit beweist er, dass er da ist, alles gehört hat und nun antwortet. Warum soll Gott das, was er einst getan hat, nicht auch in unseren Tagen vollbringen?

Jesus Christus richtet den Blick auf die Überwindung des Bösen. Der leidende Mensch muss nicht mehr an Gott verzweifeln, denn im Leiden und Sterben Christi kann er sich der Liebe Gottes sicher sein. Am Kreuz hat Jesus die Gottverlassenheit erfahren und sie in seinem Tod überwunden. Der leidende Mensch kann trotz des Gefühls, verlassen zu sein, sich von Gott getragen fühlen.

Die Frage, ob Gott nicht mehr hört, wird oft von Menschen gestellt, die zu Gott rufen und von ihm keine Antwort bekommen und keine Änderung der Verhältnisse erleben. Die Hinweise auf Hiob und auf den leidenden Jesus sollen bewusstmachen, dass Gott da ist, auch wenn er scheinbar nicht hört und unsere Bitte nicht erfüllt. Ein schweigender Gott ist kein abwesender Gott. Der Ruf Jesu am Kreuz, der mit einem „Warum?“ begann, verhallte nur scheinbar ohne Antwort. Und doch hat sich am Ende Gott seines Sohnes angenommen.

Wo ist der Gott der Liebe? Macht es sich der Mensch nicht zu einfach, Gott die Schuld für alles Unheil auf der Welt „in die Schuhe" zu schieben? Stimmt nicht eher die Aussage, die in Sirach 10,12–13 zu lesen ist, wo es unter anderem heißt: „Daher kommt aller Hochmut: wenn ein Mensch vom Herrn abfällt und sein Herz von seinem Schöpfer weicht. Denn Hochmut kommt aus der Sünde, und wer an ihr festhält, der richtet viel Gräuel an …" Darum sollte die oben genannte Frage anders formuliert werden. Nicht: Wo ist der Gott der Liebe? Sondern: Wo ist die Liebe des Menschen zum Menschen? Wie kann der Mensch so viel Leid zulassen?

In einem Haus bricht ein Feuer aus. Die Familie rettet sich nach draußen. Vater, Mutter, Tochter. Doch wo ist der Sohn? Er ist nach oben gelaufen und steht am Fenster im 2. Stock. Der Vater will ihn holen, doch der Rauch und das Feuer versperren ihm den Weg. „Vater, rette mich!", schreit der Sohn. Der Vater ruft ihm zu: „Spring! Meine Arme sind offen, ich fange dich!" „Aber ich kann dich nicht sehen …" Da antwortet der Vater: „Aber ich sehe dich. Das genügt."

Jesus,
der Brückenbauer im
21. Jahrhundert

Jesus sprach kurz vor seiner Himmelfahrt mit Petrus (vgl. Johannes 21,15 ff.). In diesem Gespräch stellte er Petrus drei Mal die Frage, ob er ihn liebhabe. Jesus fragt nicht, ob Petrus die „Schafe" liebhat, wobei hier mit den „Schafen" Menschen gemeint waren, die ihm anvertraut werden sollten. Diese Liebe zu den Schafen kann an eine Grenze stoßen, vor allem dann, wenn diese sich nicht so verhalten, wie man es sich vorstellt.

Aber der, der Jesus von ganzem Herzen liebt, erhält aus dieser Liebe eine unvorstellbare Fähigkeit, grenzenlos zu lieben und kann daher immer wieder einen Anlauf nehmen, Brücken zu bauen, gleichgültig, wie sich sein Gegenüber verhält. Dadurch wird das von Jesus gegebene neue Gebot erfüllt, nämlich sich untereinander zu lieben, wie er geliebt hat (vgl. Johannes 13,34).

- Diese Liebe ist selbstlos, sie fordert keine Gegenliebe.
- Diese Liebe ist opferbereit und versteht, denn sie nimmt den anderen mit seinen Schwächen und negativen Seiten an.
- Diese Liebe verzeiht und sie lebt von der Vergebung.

Es lohnt sich, die Mühen des Brückenbauens auf sich zu nehmen aus Liebe zum dreieinigen Gott, zum Nächsten und zu sich selbst. Jesu Auftrag war es, durch sein Opfer dem Menschen die Möglichkeit zu geben, sich mit Gott und dem Nächsten zu versöhnen. Das Bauen und Beschreiten der erwähnten Brücken wird es dem Christen ermöglichen, das Ideal anzustreben, für das Jesus einst gebetet hat: „Und ich habe ihnen die Herrlichkeit gegeben, die du mir gegeben hast, auf dass sie eins seien, wie wir eins sind, ich in ihnen und du in mir, auf dass sie vollkommen eins seien und die Welt erkenne, dass du mich gesandt hast und sie liebst, wie du mich liebst" (Johannes 17,22.23). Aus diesen Worten ist abzuleiten, dass das Einssein ein Geschenk Jesu ist, das es anzunehmen gilt. Man muss es wirken lassen, um dadurch Kraft und Fähigkeit zu erhalten, untereinander so eins zu sein, wie Jesus mit seinem Vater eins ist. Der Beweis dafür, dass Christus in einer Gemeinschaft wirkt, erkennt man an dem Einssein innerhalb der Gemeinschaft. Daraus ergibt sich, dass Christen mutig den ersten Schritt machen sollen, oder, wenn dieser schon gemacht wurde, weitere Schritte aufeinander zuzumachen. Christen sollen sich nicht aus dem Weg gehen, sondern gemeinsam den Weg gehen, von dem Jesus sagte, dass er der Weg sei. Dieser Weg soll solange gegangen werden, bis sich die Worte Jesu erfüllen:

„Es steht geschrieben in den Propheten (Jesaja 54,13): ‚Sie werden alle von Gott gelehrt sein.' Wer es vom Vater hört und lernt, der kommt zu mir" (Johannes 6,45).

Wie würde es in der Folge auf dieser Welt unter den Menschen aussehen, wenn jeder das Bedürfnis hätte, sich an Jesus mit folgendem Gebet zu wenden, aus dem ihm Kraft wird, Brückenbauer wie Jesus zu werden?

Jesus, ich muss dir nicht erzählen,
wie es dort aussieht, wo ich lebe.
Du weißt es.
Dennoch will ich dir sagen,
wie weh mir das alles tut, was ich erlebe.
Ich stelle fest, dass es Gräben gibt,
in den Ehen, in den Familien, unter Nachbarn,
unter den Menschen des Landes, in dem ich lebe.
Kaum jemand ist bereit, auf den anderen zuzugehen.
Jeder behauptet sein Recht.
Viele leiden darunter, abgelehnt,

ja, weggestoßen zu werden.
Manche sind des Lebens überdrüssig
und haben keine Hoffnung mehr.
Mich erschüttert die Aggressivität,
die überhandnimmt.
Anscheinend ist kein Helfer weit und breit.
Man könnte verzweifeln und sich verkriechen.
Damit aber wäre niemandem geholfen.

Jesus, ich habe von dir gelernt,
niemanden zu verurteilen,
immer wieder zu versuchen,
den anderen zu verstehen
und die Hand zu reichen.
Schenke mir die Gnade,
die Kunst des Brückenbauens
in meiner Ehe, Familie, beim Nächsten anzuwenden.
Gib mir bitte Geduld, vor allem dann nicht aufzugeben,
wenn es scheinbar nichts nützt,
vielleicht sogar das Brückenbauen bekämpft wird.

Jesus schenke mir aus deiner Liebe,
die durch den Heiligen Geist in mich ausgegossen wurde,
die Kraft, nicht aufzugeben, Brücken zu bauen,
nach den Worten des Apostels Paulus:
„Die Liebe höret nimmer auf!“

Rudolf Kainz, geboren am 25. Dezember 1947 in Linz (Österreich), war nach seinem Studium der Betriebswirtschaftslehre bis 1981 an der Universität Linz in der Ausbildung von zukünftigen Wirtschaftspädagogen tätig.

Am 1. Januar 1981 wurde er zum Apostel der Neuapostolischen Kirche ordiniert. Er betreute in den letzten Jahren neben Österreich auch Slowenien, Tschechien und Ungarn.

Apostel Kainz ist seit 1968 Amtsträger in der Neuapostolischen Kirche. Er wurde am 15. März 2015 in den Ruhestand versetzt.

Im Jahr 2014 erschien sein Buch „Dein Name werde geheiligt – Gedanken und Betrachtungen zum Vaterunser", derzeit erhältlich in der 3. Auflage. Der Band „Ich bete – Erfahrungen und Anregungen" wurde 2016 veröffentlicht.